# अनुगूँज

## खामोशी की प्रतिध्वनि

Rajesh Vikram Singh

BookLeaf Publishing
India | USA | UK

Made with ❤ on the BookLeaf Publishing Platform
www.bookleafpub.in
www.bookleafpub.com

# Dedication

उस ख़ामोशी को, जो शब्द बनना चाहती थी।

# Preface

कविता केवल शब्दों का खेल नहीं, बल्कि हृदय की धड़कनों की अनुगूँज है।
हर पंक्ति, हर पंक्ति के पीछे छिपा एहसास, मेरे जीवन के उन क्षणों का प्रतिबिंब है, जिन्हें शब्दों में बाँधने की चाह रही।

इस संग्रह "अनुगूँज : खामोशी की प्रतिध्वनि" में आप पाएँगे कभी प्रेम की मिठास, कभी जीवन की कठोरता, कभी सपनों की उड़ान, तो कभी खामोशियों की गहराई। यहाँ हर कविता अलग है, परंतु सभी में एक साझा धागा है—मन की सच्ची संवेदना।

मेरे लिए कविताएँ लिखना, आत्मा से संवाद करने जैसा है। यह संग्रह उसी संवाद का विस्तार है—उन अनकहे शब्दों का, जो अक्सर दिल में रह जाते हैं, पर गूँजते रहते हैं समय और परिस्थिति से परे।

मैं आभारी हूँ उन सभी का, जिन्होंने मुझे लिखने की प्रेरणा दी—परिवार, मित्र, गुरु और वे पाठक, जिनकी आँखों में झलकता उत्साह मेरे लिए सबसे बड़ी शक्ति है।

आशा है कि इन कविताओं में आपको कहीं न कहीं अपना अक्स दिखाई देगा। अगर इन शब्दों की अनुगूँज आपके दिल में थोड़ी भी हलचल पैदा कर सके, तो यही मेरी सबसे बड़ी सफलता होगी।

-राजेश विक्रम सिंह

# Acknowledgements

हर पुस्तक के पीछे केवल लेखक की कलम नहीं होती, बल्कि अनेक लोगों का प्रेम, सहयोग और विश्वास भी छुपा होता है।
"अनुगूँज : खामोशी की प्रतिध्वनि" को पाठकों तक पहुँचाने की यात्रा में मुझे भी ऐसे अनेक सहयात्रियों का साथ मिला।

सबसे पहले, मैं अपने माता-पिता को नमन करता हूँ जिनकी दुआएँ और संस्कार मेरी हर पंक्ति में धड़कते हैं।
अपने परिवार और मित्रों का हृदय से आभार, जिन्होंने हर परिस्थिति में मेरा हौसला बढ़ाया और मुझे लिखने की ऊर्जा दी।

मैं उन सभी शिक्षकों और प्रेरणास्रोतों का भी आभारी हूँ, जिनसे मैंने शब्दों की शक्ति और संवेदनाओं की गहराई को समझा।
विशेष धन्यवाद उन पाठकों का, जिनकी प्रतीक्षा और उत्साह मेरे लिए सबसे बड़ी प्रेरणा रहा।

यह पुस्तक केवल मेरी नहीं, बल्कि उन सभी की है जिन्होंने किसी न किसी रूप में मुझे प्रेरित किया, सहारा दिया और इस अनुगूँज को शब्दों में ढालने का साहस दिया।

-राजेश विक्रम सिंह

# 1. चतुरंग

चतुरंग की चंचल चाहत एक व्यंग का आभास कराती है,
इस चाहत में जीवन का मर्म दिखाती है।
नज़र हर तरफ़ चंचल सी निहारती है,
पर अर्स के मरहम को पीर न बता पाती है।

मीठी सी दरख़्त पर चींटियों की चंचलता है;
रंगीन सी मिठास है पर काली और सफेद सी दीवारें हैं।
चतुराई चंचलता के घेरे में सहमी है,
पर व्यंग्य के आभास में चतुरंग यहीं ठहरी है।

एक व्योम है इस नभ में जो व्यापक है सब में,
पर चंचल चाहत है जो चोट करती जाती है।
मानो पहुंच इन इंद्रियों की यूं ही कहीं ठहरी है,
और चंचल चतुरंग व्यंग की दुपहरी है।

हर धड़कन में छिपी है एक साजिश की लहर,
सपनों की बुनाई में छूटने लगे हैं कई बेशुमार।
हर मुस्कान में फिसलते रहे हैं वो ख्वाब,
जिन्हें छूने की चाहत ने दी है सदी का आधार।

तो क्या ये चंचल चाहत सिर्फ़ खेल है भ्रम का?
या फिर गहराई में बसी है सच्चाई की धुंधलका?
जब चतुरंग अपनी राह पर चलती है चुप,
तो हम सब भी बन जाते हैं उसके अदृश्य समूह।

# 2. शिक्षक

हाँ मैं शिक्षक हूँ, पर शायद भ्रमित,
देता हूँ ज्ञान तो मैं, पर अमल नहीं।
आवाज़ बनो तुम, मैं कहता,
कभी ना डरो तुम, मैं कहता,
पर खुद भी क्या मैंने, कोई आवाज़ उठाई?
बेईमानों के पथ में, क्या कोई दीवार सजाई?

शोषित-शोषक के भेद को भी मैंने बतलाया,
दुराचारी और दुर्जन से लड़ना सिखलाया,
सामर्थ्य तुम्हारे अंदर है, यह ज्ञान दिया,
परमार्थ तुम्हारे अंदर है, यह ज्ञान दिया,
पर दीन-हीन होकर के, क्यों मैं खुद बैठा हूँ?
दुराचार और अत्याचार क्यों मैं सहता हूँ?

एक वर्ग विशेष जो मुझको है लाचार समझता,
मौन को मेरे वह अपना, व्यापार समझता।
गर मैं उठ जाऊँ तो, सबका यूँ ह्रास ही होगा,
जीवन-मृत्यु के चक्र को भी ये ज्ञात ही होगा,
सृष्टि सृजन के बाद का, सृजनकर्ता मैं ही हूँ,
हाँ मैं शिक्षक हूँ, पर शायद भ्रमित हूँ।

# 3. दृष्टिकोण

वृहद दृष्टिकोण है, तुष्टि का न मोल है,
प्रचुरता है व्याप्त यूँ, कराहता प्रलोभ है।

ये कल्पना है मात्र याँ, भ्रमित हुआ समूल है?
विचार शून्यता लिए, विलासिता प्रफुल्ल है।

अवरुद्ध है प्रकाश यूँ, अंध का ही मोल है,
तो फिर भला प्रकाण्डता, मूल है या धूल है?

त्रिनेत्र भी तुझी में है, ज्ञान चक्षु रूप है,
प्रयत्न करके फिर बता, क्या ये दृष्टिकोण है?

साधना की गहराई में, छिपा है अनुराग,
स्वप्नों की चमक में भी, छिपा है ये आग।

निसर्ग का एक स्वर है, सृष्टि की पुकार है,
दिल में बसी गूंज है, अदृश्य विस्तार है।

# 4. दो टूक सी बात

दो टूक सी बात है
मैं कहता हूँ
तुम सुन लेना
वो कस्तियों में सवार थे
और हम नीचे तार-तार थे
उनके पैरों में जूते
और हम नंगे पाँव थे
उनकी उड़ान आसमानों में थी
और हम चलने को लाचार थे
दो टूक...

दबे, कुचले, दीन-हीन, न जाने कितने
उपमा और अलंकार थे
बेड़ियाँ, जंजीरें, कोड़े, चाबुक
यही गहने शृंगार थे
जननी भूल जन्म भूमि के सरताज
आँसू नहीं लहू के अवतार थे
दो टूक...

अभी तो दौर अलग है
हम औरों से अलग हैं
घोड़ा गाड़ी छोड़
दौड़ते चक्र सहज हैं
कस्तियाँ फिर भी वहीं हैं

पर सहसवार अलग हैं
दो टूक...

हमने गाथाएँ लिखी हैं,
हमने इतिहास बदल डाले हैं,
भूलना नहीं कभी हमने
सपनों के जो महल सजा डाले हैं।
इस बार की लहरें,
हम से न थकेंगी,
आवाज हमारी तीव्र हो गई है।
चलो अब, अपनी आवाज़ में
एक नई कहानी बुन लें,
दो टूक...

# 5. कदम बढ़ा

कदम बढ़ाते चलो आगे,
कोई डर नहीं, कोई छाया नहीं।
हर कठिनाई को कर पार,
तेरी मेहनत की है गहराई नहीं।

भूल जा उन रातों का अंधेरा,
जो छिपा दे तेरे सपनों का जागरण।
उजाले की ओर बढ़, साथी,
हर मोड़ पर छिपा है एक नया चमत्कार।

धैर्य रख, चलने का जज़्बा,
हर राह पर मिलेंगे नए आसमान।
सपनों को करो साकार,
जो छुपे हैं तेरी मेहनत के अदृश्य विधान।

किसी ओर तो शिकारे चलेंगे,
सपनों की उड़ानें, नई संभावनाएँ।
आगे बढ़, तेरा वक्त आएगा,
सपनों में छिपा है अनंत आकाश का गूढ़ धन।

हर कदम पर बुनो कहानी,
जो बांसुरीसी हो, अलौकिक रागिनी।
अपने हौसले से सजाओ आस-पास,
हर दिल में जगाओ एक नई चेतना का विश्वास।

आपका सपना है संजीवनी,
वो संकल्प ले आएगा तुम्हें सफलता की वाणी।
चलो उठाएँ हम हाथों में हाथ,
सपनों की रंगों में रंगी रहे यह रात।

हर सुबह ले कर आए नयी किरण,
तू सृजन कर, दे नया ज़माना एक मस्तिष्क का चक्रवात।
सपनों की बुनाई में हो गहराई,
इस यात्रा में न देखो किसी की परछाई।

# 6. वहम

ध्वनि गूंजती है चुप में, स्वर लहराए अनकहे।
अर्थ की खोज में निकले, कितने ही भटके फिर भी।

सपनों की परछाइयों में, छिपे हैं अनगिनत सुख।
धूल के संग्रह में बसी, खुशियों की गूंज है ठहर।

हर कदम पर संघर्ष है, फिर भी ये दिखता सुंदर।
तनाव की बारिशों में, सीखता हम नया सफर।

तट पर लहरों का कंपन, जीवन का यह ताना-बाना।
कभी अशांत, कभी शांत, खुद से ही है सब से नाता।

सत्य की ओर देखते हम, नज़रों में जो है विश्वास।
हर भटकाव एक यात्रा, मंजिलें हैं अनेक पास।

# 7. बस निमित्त मात्र हूँ।

बस निमित्त मात्र हूँ।
सदियों से रचता मैं,
जीवन का शास्त्र हूँ।
लिखता हूँ और लिखा जाता भी हूँ।
रचता हूँ और रचा जाता भी हूँ।
कविता हूँ कहानी हूँ।
कहानियों का सार हूँ।
हर पल है चलता जो,
मैं वह संसार हूँ।
क्या कहूँ? अपने को
क्या हूँ? क्या नहीं हूँ?
साकार हूँ, निराकार हूँ
और निर्विकार हूँ।
बस निमित्त मात्र हूँ।
बस निमित्त मात्र हूँ।

# 8. प्रत्यक्ष नीर

प्रत्यक्ष नीर दृश्यमान, फिर भी
मन में व्याकुलता विद्यमान।
बंजर सा होता चित्त, निज
छवि में टुकड़ों समान।

पास फैली कोमलता को
किए खुद से दूर।
हैरान, व्यथित, चिंतित स्वयं में
बैठा खुद को मान धूल।

अंधेरों में खोई रोशनी,
तारों की चमक भी समेटे।
सोचों के जाल में उलझा,
स्वप्नों की गूंज भी भटके।

फिर भी, खोजता हूँ राहें,
जो बिखरे हैं मन के आंगन।
शांति की किरणें ढूँढूं मैं,
जो बुनती हैं उजले आकाश में।

# 9. नवस्वरूप

अनहोनियों के विचारों में,
बुद्धि की बूँदें सूख गईं।
मार्ग पर छाई धुंध में,
पलकों पर ख्वाब झलके गए।

फूलों की महक से भरी,
खुशबू अब तक छुपी।
उजाले की उम्मीद में,
हर शाम की चाँदनी।

कभी तो मिलेगी वो बहार,
जो मांगेगी दिल से आह।
जीने का एक नया सबक,
सिखाएगी वो मुस्कान।

फिर भी, न हारी उम्मीद,
खुद से जूझता, खड़ा हूँ मैं।
हर गिरते रात के बाद,
नवस्वरूप में उदित हूं मैं।

# 10. ज़िंदगी

अत्यंत कोमल एहसास है ज़िंदगी,
नाकामयाबियों और कामयाबियों
की साज़ है ज़िंदगी,
रोशनी जहाँ बेपरवाह होती है,
अँधेरों से खेलती अंजान है ज़िंदगी।

टूटती दीवार हो या भँवर में मान,
हौसलों की उड़ान हो या
दहसत में जान,
रुख़ बदलती हर साँस है ज़िंदगी,
उलझनों में सुलझती इक तान है ज़िंदगी।

पूछती बहुत है सवाल ये, रोकती बहुत है राह ये,
अठखेलियाँ, पहेलियाँ, ना जाने क्या-क्या
अंजाम है लिखती,
फिर मुस्कुरा के जो हाथ थाम लेती,
और देती है आस हर बार ये ज़िंदगी।

# 11. चश्मा

जिंदगी की गलियों में जब चलती साया,
आँसूओं की बारिश में छुपा हो क्या ऐसा गहना,
सपनों की बाग में खिलते हैं फूल हजार,
कभी कांटों से सजती, कभी बनती है नर्म गुनगुन।

कभी चुप, कभी शोर, ये पल हैं अद्भुत,
हर मोड़ पर एक नई कहानी है लिपटी,
सपनों की चाह में ढूंढती मुकाम,
हर ठोकर में छिपा है अद्वितीय आनन्द।

रंग-बिरंगी राहों पर चलने का जज्बा,
छोटे-छोटे लम्हे बनाते हैं परिभाषा,
सपनों की उड़ान और हकीकत की बातें,
जिंदगी की इस जद्दोजहद में छाया है सच्चाई का चश्मा।

# 12. देश कहाँ?

उत्कृष्ट संस्कृति, परिस्कृत कला
वैभव जिसका जग में है फैला

विद्या निहित कण-कण में जिसके
ज्ञान-विज्ञान की है धरा

ऋतुराज जिसकी गोद में खेले
है यह ऐसी वसुंधरा

सागर जिसके पग को छूले
कोलाहल भी शांत जहाँ

अरुणोदय में बात है जिसकी
आँचल भी तो यहीं बना

सिरोधार्य हिमालय जिसका
बना रहा वो मुकुट सदा

धरती-धरा-वसुंधरा
कुटुम्ब की है बात जहाँ

ना जाने वो देश कहाँ?
अपना भारत देश कहाँ?

# 13. आँचल

आँचल में समेटे सब चली जा रही,
ये कैसी मूरत है हर दर्द सहे जा रही।

कहने को तो सारा जहाँ उसी का,
जमाने भर के गरल पीए जा रही।

अब कहें उसको अबला या सबला,
विसम को सम किये जा रही।

दीवारों के साए में, चुप्पी छुपाए,
खुद से मुकाबिल, सिसकियाँ सहा रही।

चावल की देहरी पर बूँदों का नशा,
एक उम्मीद की रोटी, घुट-घुट के खा रही।

पलकों पे दफन ख्वाबों के अक्स,
हर एक ख्वाब की खुशबू महका रही।

# 14. कुछ यूँ ही

कुछ यूँ ही लिख दिया
कहना जरूरी ना समझा तो
पलकों के किनारे रख दिया
यूँ तो बातें बहुत हैं करने को मगर
जब इंतज़ार ही ना रहा तो
हसरतों को किनारे रख दिया

अब खामोशियों में बसी हैं यादें,
दिल के कोने में छुपा हर ख्वाब,
उन लम्हों की खुशबू से भरा,
जो कभी थे मेरे पास, अब हैं फरामोश।

शायद ये चुप्पा तज़ुर्बा ही सही,
उम्मीद की एक किरण है बस,
वक्त के साथ सहेज ली हैं हमने,
बातों की मीठी मिठास को पर क्यूं,
फिर भी ना जाने क्यों,
ख्वाबों को किनारे रख दिया।

# 15. साज

गुल, गुलशन, गुलाब और गुलाम,
बेपरवाह हुस्न और एक साम।
हर फ़िक्र उजियारा महफ़िले आम,
रोशन बहार शर्बती जाम।

पहेलियाँ अनेक देती पैग़ाम,
साए में लिपटी ज़िन्दगी अंजान।
हर ओर फैली फिक्र-ए-आम,
किस ओर मिले शायराना अंजाम।

यूँ टूट, यूँ बिखर कर देते हैरान,
रुसवाइयों के साए में देते एक तान।
सुलझे-सँवरे हर एक इंसान,
रख इल्म खुद का कर देते यूँ काम।

है रूप अनेक, फिरते हर साम,
होते हैं अनेक फिर भी एक नाम।
गिरते उठते फिरते बेजान,
है साया या फिर है एक गुलाम?

चायदानी में थोड़ी सी बर्फ़ भी भर ले,
तन्हाई की इस शाम में जज़्बात घर ले।
किसी की हंसी में छुपा हो दर्द भी,
धरती पर उगते हैं ख्वाब, सच भी।

आशाओं की छांव में मिलती राहत,
बेकली में छुपी हो इक नरम राहत।
जीवन की पेचीदगियों में छिपा हर राज,
इन्हीं लम्हों से बनता है खुदा का सजग साज।

# 16. जाना कहाँ

जाना कहाँ तूँ सोच ज़रा, पथ कई पड़े हैं देख ज़रा ।

पहलू में सब छिप जाते हैं, रूठे पन्नों को जोड़ ज़रा ।

है तुझमें एक शमसीर कहीं, जग में है एक उम्मीद कहीं।

पहचान तेरी उन बाहों को, जो होती ना ग़मगीन कहीं।

पत्ते फिर भी उग जाते हैं, पतझड़ से ना झुँझलाते हैं।

रूठी राहों को थाम कभी, राही ना यूँ घबराते हैं।

उठ ज़ोर लगा घनघोर घटा, क्या तेरा कुछ कर पाएगी।

अंधियारे को ही चीर सदा, सूरज की किरणे आएँगी।

तू भी चल, ठोकरों से सीख ले, गिरकर फिर से उठ, भाग ले।

हर दिशा में खुली राहें हैं, आसमान की ओर तेरा नज़र है।

चादर सुनहरी बाँध लिसी, सपनों में रंग भरते चल।

छलका जब उर में जज़्बात, संगीत बनेगी नई लहर।

# 17. नव सौभाग्य का आगाज़

आज फिर से मन उदास हुआ,
जो दिल में था सब ह्रास हुआ।
कोमलता सूल प्रहार सहे,
खंडित जीवन का दास हुआ।

अति व्याकुल था वह चाल अरी,
काँटों की सैया राह बानी।
किंचित नैनों में भार नहीं,
कतिपय जिह्वा में प्रमाण नहीं।

वह लोभ विलास की मूरत जो,
निश्छल छल का सहचार करे।
अधिकार बलात वो मान चले,
खंडित हर पल सम्मान करे।

अब मानवता का पाठ वही,
दानव मानव को सिखलाता।
प्रतिकार हुआ, व्यभिचार हुआ,
चिन्हित जीवन हर बार हुआ।

पर क्षण भर को जब आकाश ने,
एक नव दीपक के रूप में भास किया।
आशा का गहरा सागर संग,
अपने थमते पथ पर आ बस किया।

विपदाएँ एक कथा बनें,
जब प्रेम की धारा बहके;
निराशा समर्पित हो जाए,
नव सौभाग्य का आगाज़ करे।

# 18. सपनों के चिराग

कल्पनाओं में विविधता लिए

दो गज जमीन और आसमान की बात करते हैं,

जो है ही नहीं कहीं इस ब्रह्माण्ड में,

सिरफिरे उस जहाँ की बात करते हैं.......

लगा कर चिनगारियों से आग

आँधियों की तरफ रुझान करते हैं,

यही सिरफिरे, फिर जला कर घर,

सब अरमानों को राख करते हैं...

न सोते हैं न पीते हैं न उठते हैं न खाते हैं,

बस दिखा कर खयाल एक फंतासी का,

सिरफिरे, जिंदगी तेरी-मेरी

यूंही बर्बाद करते हैं....

उनके ख्वाबों का जाल बुनते,

हर खामोशी में शोर भरते हैं,

जिनको न समझ सका कोई,

वो अल्हड़ पल की जिंदगानी लिखते हैं...

जीवन की गाड़ी में सफर करते,

मीलों दूर बिना ठहरते हैं,

फिर भी कैसे, दिल के कोने में

सपनों के चिराग जलाकर रखते हैं...

# 19. ऐ ज़िन्दगी...

ऐ ज़िन्दगी...

ये माना कि तूँ कागज़ की कश्ती है।
ये माना कि तूँ रेत की बस्ती है।
ये माना कि तूँ लम्हों में गुज़रती है।
ये माना कि तूँ टुकड़ों में बिखरती है।

मैं भी तेरी कश्ती में सँवरता हूँ।
अरमान लिए बस्ती से गुज़रता हूँ।
तेरे लम्हों की दूरी में बसर मेरी।
बिखरे टुकड़ों पे टहलता हूँ।

पर कभी जब तूँ सागर सी लहराती है,
तेरे हर आँचल में किस्सा नया सजाती है।
आसमान में तारे खोजते हैं हम,
हर खोई हुई रात में, तेरा ही चेहरा बुनते हैं हम।

जब तूँ मुस्कुराए तो धूप सी खिल उठे,
तेरे साथ हर दर्द वक्त की चादर सा ढक उठे।
बिखरना तुम्हारा मेरे होठों की लोरियाँ,
सपनों की कश्ती में जो होंठों पे आई कहानियाँ।

# 20. तूँ बोल कर तो देख

तूँ बोल कर तो देख, ये हवाएँ भी सुनती हैं।
गहरे सागर में पाहन भी तैरते हैं।
तेरे ख़्यालों की लहरें, चुपके से बुनती हैं,
सपनों के किनारे, आसमान से जुड़ती हैं।

तेरी हँसी के साए, चाँदनी में छुपते हैं,
हर ख़ामोशी में तेरे, ये शब्द भी खिलते हैं।
दिल की दरियाओं में, उमड़ते हैं जज़्बात,
तेरे बिना ये धड़कन, जैसे हो बेगाने शाम।

तेरे गालों की नर्म हवा, मुझे बुनती है,
तेरी आँखों की चमक में, वक्त ठहर जाता है।
कमल के फूलों पर, रेशम से लिखे ये ख़याल,
तेरे सपनों की गहराई, खुद को भी सिखाता है।

तेरे बिना ये लम्हे, यूँ ही बिखरे पड़े हैं,
तू मुस्कराए तो जैसे, बादल भी बरस पड़े हैं।
मन की राहों में तेरा, नाम हर मोड़ पर मिले,
तेरे बिना ये दुनिया, जैसे कोई गीत अधूरा है।

तेरे संग बिताए हल्के से पल, जैसे रंग भरते हैं,
तू जो पास हो तो धूप भी, चाँदनी में बदलते हैं।
तेरे प्रेम की खुशबू, हर सुबह की शुरुआत,
तेरे बिना तो जैसे, अंधेरों में खोई है रात।

तू जो संग चलती, सांसों में बहारें छिड़कती हैं,
चाँद से चुराए तारे, तेरे काजल में जगमगाते हैं।
तेरा हर जिक्र जैसे, दिल की धड़कन को जगाए,
तेरे प्रेम की मिठास, बूँद बूँद में घुल जाती है।

तेरे रपटीले अल्फाज़, जादू सा करते हैं,
हर लफ्ज़ में बसी, तेरी यादों की चादर है।
तेरी छवि में रंगी ये, जिंदगी की हर सुबह,
तेरे बिना ख़ामोश, जैसे कोई गान न बहे।

तू जब से मिली है, आसमां में रंग लाया है,
तेरे संग चलते हुए, मुश्किलों ने भी मुस्कुराया है।
तेरा नाम लूँ ज़ुबां से, हर एक दुआ में,
सपनों की इस दुनिया में, तेरा ही अक्स पाया है।

# 21. अंजान सही

अंजान सही पर जान तो है, जीवन से एक पहचान तो है,
अपने अतीत को साथ लिए, चलता हर एक इंसान तो है।

व्यवधान सही पर ध्यान तो है, जीवन धन की पहचान तो है,
अपने ख़याल को रूप दिए, देता हर एक अंजाम तो है।

काँटे ही सही पर मार्ग तो है, जीवन में एक सम्मान तो है,
अपने वैभव का रंग लिए, खिलता हर एक चट्टान तो है।

बूंदे ही सही पर तान तो है, जीवन के लिए एक मान तो है,
अपने सरगम को धुन में लिए, गाता हर एक अरमान तो है।

चोटें ही सही पर जान तो है, जीवन में एक संजीवनी जान तो है,
अपने सपनों की महफिल सजाए, चलता हर एक इंसान तो है।

पर्वत ही सही पर छाँव तो है, भटकते मन का एक ठिकाना तो है,
अपने संघर्ष की राह पर बढ़ते, पाता हर एक नया सबक़ान तो है।

www.ingramcontent.com/pod-product-compliance
Lightning Source LLC
La Vergne TN
LVHW050827051026
849532LV00008B/3155
* 9 7 9 8 8 9 8 6 5 3 9 9 6 *